Antonio Perán Elvira

EN LA MANSIÓN DE LOS CÉFIROS

(Historia de una tormenta)

EDITORIAL CUADERNOS DEL LABERINTO
−ANAQUEL DE POESÍA, nº153−
MADRID • MMXXV

De la edición © CUADERNOS DEL LABERINTO
Derechos exclusivos de esta edición en lengua española:
© Cuadernos del Laberinto
www.cuadernosdelaberinto.com

De la obra © ANTONIO PERÁN ELVIRA

Directora de la colección: ALICIA ARÉS

Del audio © FABIO ANDRÉS ARCINIEGAS (VOZ DE CARLOS)

Del prólogo © ERNESTO URÍA

Diseño de la colección © Absurda Fábula
www.absurdafabula.com

El papel utilizado para la impresión de este libro, fabricado a partir de madera procedente de bosques y plantaciones sostenibles, es cien por cien libre de cloro y está clasificado como papel reciclado.

Impreso por COPIAS CENTRO (Madrid)

Primera edición: MAYO 2025

I.S.B.N: 979-13-87751-41-8
Depósito legal: M-9537-2025

Impreso en España.

www.cuadernosdelaberinto.com

A mi mujer: por creer en mí tanto como yo la quiero.

PRÓLOGO

Los lectores que se adentren en este nuevo libro de Antonio Perán, seguro que ya le conocen y aprecian personal y literariamente o han disfrutado de alguna manera de las múltiples facetas de su quehacer. Pudiera ser también que otras personas se acerquen a este libro aleccionados por algunos de aquellos, sin duda numerosos.

Dicho esto cabría imaginar que decididos a compartir las peripecias del héroe, por cierto innominado, protagonista de este largo y hermoso poema, los lectores sobrevolarán en el mejor de los casos las líneas que ahora escribo para sumergirse en el recorrido vital que desgrana el autor en sus versos.

Resulta obvio destacar que ya el título de este poema es cuando menos inusual, más aún si tenemos en cuenta que debajo del mismo Antonio subtitula —entre paréntesis—, *Historia de una tormenta*. Y en la contracubierta nuestro amigo Antonio con ese humor inteligente y un punto candoroso que gasta, mejor sería decir que regala, habla de anacronismo, palabra que como todas las que emplea se ajusta a la realidad de este libro, incorporando un matiz a un tiempo, seductor e ingenuo, inteligentemente ingenuo. Nada nuevo bajo el sol por otra parte, en cuanto a títulos de libros.

Recuerdo con afecto el precedente libro de Antonio que tuve el honor y la oportunidad de presentar: *Diálogos con mi perro Sancho*, escrito según parece con posterioridad al que ahora nos ocupa y editado ya hace años.

Aunque situado en un espacio indeterminado y un tiempo pretérito impreciso, el héroe del poema, innominado es griego, heleno, aqueo..., y esto el lector lo sabe desde el principio, cuando un narrador refiere su llegada a una aldea que encuentra en su camino. Allí, un joven pastor le ofrece acogida y se interesa por su travesía. No voy a desvelar nada más del relato y las vicisitudes y pruebas que ha de afrontar el héroe bajo la atenta mirada del pastor.

Las interpretaciones de la historia o leyenda que articula Antonio pueden ser tantas como fecunda sea la imaginación de cada lector. La determinación del heleno, la elección iniciática del pastor, bien pudieran ser trasuntos del poeta, ya que en ambos casos se trata de procurar alcanzar la madurez, luchar por lo que se cree justo y bello incluso frente a fuerzas descomunales y en algún momento adversas que se presentan bajo máscaras diversas, las de los dioses caprichosos y sordos a las aspiraciones del ser humano, las de las fuerzas de la naturaleza de las que somos una mínima porción tomados de uno en uno. Bien podría decir sin asomo de petulancia aquel verso final del soneto de Lope, en mi modesta opinión del más hondo terceto sobre el amor escrito en lengua castellana «(...) quien lo probó lo sabe».

Un universo espacio-temporal, ya lo hemos subrayado, más propio de las inconsistencia y vacilación de los sueños.

El relato de Antonio se mueve en los precarios y tupidos límites del sueño, y así en los minutos que conlleva la lectura de las jornadas que conforman el poema trascurre toda una vida o al menos media vida. La estructura del texto y el uso de un lenguaje y un ritmo impecable y rotundo, que maneja con maestría experta, de algún modo lo hace posible y creíble, real, vivido.

A diferencia de otros viajeros clásicos y universales, el heleno de este poema recorre su camino al parecer a pie, lo que me permite evocar a uno de los grandes, Petrarca en su ascensión al Mont Ventoux, monte que al cabo de los siglos es objeto de porfiadas etapas ciclistas en el Tour.

El amor como flechazo y transformación, como meta y consuelo de una existencia finita, cuyo aliento supera todo obstáculo, nos propone el poema o quien esto escribe al menos considera que lo hace, vaya usted a saber por qué. Es evidente que se trata de una hipótesis y no es seguro que me asista la razón, que por otra parte en materia de amor es un personaje que rara vez comparece. La razón, decía compasivo uno de mis maestro, cree tenerla todo el mundo, y por ello tener razón, añadía, en realidad no sirve para nada. Otra cosa es la razón de ser y en esta razón mayúscula ahonda Antonio Perán cuando narra en sucesivas escenas el devenir de sus personajes.

Sería interesante saber en qué momento de su vida escribió Antonio este hermoso poema. Algo me ha comentado al respecto pero esa información no me permite explayarme en conjeturas, que a decir verdad poco importan.

Sí quiero concluir este modesto prólogo, que no pretende ser más que un quite para subrayar la enjundia y hondura del poema y la reflexión filosófica o moral a que nos obliga su atenta lectura. El regusto que nos deja es poderoso y profundo y permanece pese al paso del tiempo, tanto por la belleza formal de su construcción poética y narrativa como por la conciencia y consciencia que animan a los protagonistas en su singladura, cuya Ítaca es construir unas vidas humanas dignas de esta condición, que superen y trasciendan las múltiples dificultades que jalonan este noble empeño.

Muchas gracias, Antonio.

ERNESTO URÍA

ANTONIO PERÁN ELVIRA

EN LA MANSIÓN DE LOS CÉFIROS

(HISTORIA DE UNA TORMENTA)

INTRODUCCIÓN

Para estímulo del niño
y en honor de lo pretérito,
cuentan a todo el que llega
los ancianos de este pueblo
que, por la misma vereda
de discurrir desenvuelto
que les condujo a la aldea,
hace tiempo, mucho tiempo,
cuando la tarde vestía
sus atavíos de brezo,
apareció rebosante
de septentrión un aqueo
con el camino de mimbre
y el horizonte de hierro.

Al parecer de sus ropas,
quedaba de manifiesto
que las insólitas sendas
cedieron a sus requiebros
ardientes, apresurados
y osados de amante viejo,
y en pos de sus pies veloces,
deambulando sin esfuerzo
por las interioridades
de sus propios derroteros,
descubrieron con sorpresa
determinados aspectos
de su personalidad
hasta la fecha secretos;

que las horas más monótonas,
esas que viven temiendo
que les roben los segundos
y en un collar gigantesco
los ensartan de uno en uno,
detrás de sus pies ligeros,
hallaron un buen motivo
para escaparse del tiempo,
en una loca carrera
que no ha tenido sosiego.

Y, sin embargo, su rostro
no traslucía el desvelo
que revelaban sus prendas.

Por el contrario, luciendo
como mañana en el agua,
una sonrisa de lejos
prometía flor eterna:

La tierna flor del deseo,
que se cultiva en el alma,
después germina en el pecho
como una brasa candente
y brota en los ojos luego,
apresurada de mieles;

La flor brava del empeño,
perfume de corazones
y espina del entrecejo,
obstinada y lacerante.

¿Quién sería aquel heleno?

¿Un mortal a la ventura

por la linde de este pueblo
o deidad enmascarada?

¿Cuál su patria en el recuerdo,
amantísima y presente?

¿Se hallaría en los infiernos,
en el mar, entre las nubes
o simplemente en el suelo
donde moran los humanos?

¿Qué trabajos tan extremos
precisaban de la audacia
que advertíase en sus gestos?

ACTO ÚNICO

ESCENA PRIMERA

Lo divisó un pastorcillo,
que vivía en este pueblo
cerca de la plaza antigua,
cuando estaba recogiendo
su rebaño en el aprisco
y sus ánimos al viento
celebraban como pájaros
el respiro en el empleo.

Cuando se le aproximaba,
le dijo así:

—Forastero
que evitáis los rincones
de la villa recoletos:

Por las trazas de vigilia
que muestra vuestro indumento,
deduzco que están lejanos
los días en que tuvieron
lugar los primeros pasos
de los que siguieron luego.

Y por la veloz carrera
con que responde el terreno

a vuestra celeridad,
no es atrevido el supuesto
de que serán los parajes
a vuestra vista diversos,
antes de que vuestras huellas
convengan de mutuo acuerdo
en converger en un vértice.

Y, si es así, techo tengo
donde podáis albergaros.

No es tan amplio ni tan bello
como el que halláis de ordinario,
pero en él habréis de nuevo
la ocasión para sentiros
entre los de vuestro género
feliz y reconfortado.

Tengo además manta y lecho,
donde hallaréis un abrigo
que no secunde el criterio
de la voluble intemperie.

Y por fin poseo un cuenco,
avezado en ahuyentar
con el fruto de su alvéolo
las embestidas del hambre,
en las que zarpazos gélidos
nos dividen en dos partes
y ponen al descubierto
abisales vaciedades
y sinsabores acérrimos,
que desfallecen el ánimo
y debilitan los miembros.

Son éstas mis propiedades
y todas os las ofrezco.

Aceptadlas sin reservas
y procuraos el remedio
que digo:

Que las querencias
del alma quedan en sueños,
si no le damos al músculo
el necesario alimento
para que pueda elevarse
sobre la estepa del hueso.

Y, si os consuela, contadme
lo que os devora por dentro.

A lo que dijo cesando
de caminar el heleno:

—Pastorcillo que te aprestas
al añorado recreo
y que te portas conmigo
tan gratamente dispuesto:

Es cierto lo que presumes:

Remoto resuena el eco
de aquella edad que dobló
pesarosa del comienzo
de un periplo imprecisable;
distante brilla el reflejo
del color que diferencia
y da conciencia de auténtico

a mi punto de partida,
e ignoro cuándo en concreto
culminaré los trabajos
inaplazables que debo.

Mas tengo que renunciar
a tus sinceros obsequios,
pues la misma incertidumbre
sobre cuándo y dónde puedo
dar por concluso mi viaje,
no me permite receso
que demore la evasiva
consecución de mi anhelo.

Ahora bien, a tu interés
responderé con acierto
y acaso tú me reveles
lo que me tiene en suspenso.

Yo nací, mi buen pastor,
en un país periférico,
donde, por culpa del Sol,
que impone su señoreo
sobre todo el que atraviesa
las murallas de su feudo,
la tierra pide a la nube
para la sed un caldero
y al aire para la asfixia
un abanico de fieltro;
mercedes que no consigue
la triste tierra que tengo,
porque la nube prefiere
derramar en el océano
las exiguas provisiones

de sus raquíticos cestos
y el aire tiene bastante
con aupar a los insectos
y sufrir el permanente
pestañeo de sus élitros.

Y nací cuando las flores
se desprenden de sus peplos
y del modo que esas flores
nacen, sin cuidado previo,
sin porqué ni para qué,
ni con qué nutrir sus pétalos.

Nunca supe la razón,
pues distaba mi abolengo
de merecimientos tales,
mas cuatro dioses quisieron
tenerme como pupilo,
y, al amparo de un almendro,
me fueron desentrañando
sus respectivos ingenios:

Eolo me descubrió
cómo capear el recio
paletear de sus aspas;

Poseidón me dio remedios
para desasir mis brazos
de los intrigantes flecos
de sus cortinas azules;

Hefesto formó mis miembros
en la difícil empresa
de superar el intenso
reconcomer de sus brasas,

y Gea con sus ungüentos
me protegió para siempre
de los ásperos abscesos
de su piel escarnecida.

Fuera de estos privilegios,
la pobreza y la ignorancia
fueron hermanos gemelos
con los que fui sorteando
mi avatar heterogéneo.

La primera de las dos
me ha tenido hasta el momento
rodeado tercamente
con sus brazos macilentos,
pero poco me importara
si los males que padezco
fueran cosa de pobreza.

La segunda, difiriendo,
comenzó a sentirse presa
de sus ámbitos estrechos
y con ello comenzaron
mis infortunios.

—¿Por eso? ¿Por llegar a ser
consciente de vuestras
menguas?

—Por eso y por querer
reducirlas.

La ignorancia, buen mancebo,
es una recia cadena

que nos hace siempre siervos:
siervos de nosotros mismos,
aunque creamos que hacemos
nuestra simple voluntad;
de los demás sólo siervos,
aunque, cuando obedezcamos,
pensemos que obedecemos
porque así lo decidimos;
hasta de las cosas siervos.

Merced a esta realidad,
interesa que haya necios
sobre cuya servidumbre
otros ejercen su imperio.

—Puede que tengáis razón,
mas, a vuestro caso yendo,
¿cómo pudo la ignorancia
sólo con reconocerlo
traeros calamidades
y cuáles son en concreto?

—Por entonces ocurrió
que desde Esmirna salieron
unas rapsodias audaces
con dirección a lo eterno.

Decidí embarcarme en ellas.

En alta mar un aedo
dejó caer una chispa
en la hojarasca del seso
que prendió rápidamente.

A partir de su alfabeto,
vislumbré con precisión,
parpadeando a lo lejos,
una claridad distinta
de la que quise ser clérigo,
y sin dudar la seguí
con todo ahínco y esmero,
sin conseguir apresarla.

Me dijo entonces el ciego
que debía conformarme
con proseguir en su séquito,
pues intentar capturarla
era un propósito necio.

Por esta revelación,
fui víctima del recelo
de los dioses, que acordaron
degradarme del excelso
galardón que me otorgaron
y expulsarme del almendro,
condenándome a vivir
en febril vagabundeo.

Para colmo de desdichas,
arrastrando mi destierro
por uno de tantos sitios
en que hube de exponerlo,
cuando el verano anunciaba,
entre bostezo y bostezo,
la pronta resurrección
de los fenómenos yertos,
Eros el irresponsable
sacó del carcaj venéreo

dos flechas emponzoñadas,
y con alardes grotescos
las disparó a la deriva:

una se clavó en mi pecho;

la otra en el intersticio
quinto intercostal izquierdo
de una muchacha inocente
del nefasto vituperio
que pesaba sobre mí.

Me quiso con tanto apego
que decidió compartir
mi delito y sus efectos.

Pero el designio divino
me seguía siendo adverso;

y para que mi castigo
cumpliera sus presupuestos
de escarmiento y de condena,
concibieron su secuestro,
con tiento lo planearon
y lo llevaron a término.

—¿Y desde entonces vagáis?

—Desde entonces no hay consuelo
para mis tribulaciones.

A puñaditos atentos
he removido la tierra
desde la roca hasta el légamo;

he dado entre los resquicios
atormentados del fuego
batidas agotadoras
desde la Luna hasta el Véspero;
he escudriñado al trasluz
los vidrios de los espejos
engañadizos del agua
para observar su reverso;
he remontado la brisa
y en su alentar inconexo
reparé por si escuchaba
algún suspiro encubierto.

¡Pero todo ha sido inútil...!

—No obstante, por lo que veo,
perseveráis en su búsqueda.

¿Habéis acaso un agüero
para vuestras esperanzas?

—Una sibila de Delfos
afirmó que lograría
deshacer el sortilegio
por detrás de esas montañas
en la Mansión de los Céfiros.

—¿¡En la Mansión de los qué!?

—Oíste bien: de los Céfiros.

Por el pavor que te causa,
es ahora cuando entiendo
las prevenciones del vate.

—¡En la Mansión de los Céfiros,
los elementos cometen
los más horribles excesos
con los intrusos!:

¡La tierra
se estremece con coléricos
espasmos de hiriente roca!;

¡el agua baja del cielo
precipitada de espinas!;

¡el aire sopla frenético,
aligerando de obstáculos
la superficie!,

¡y el fuego,
desde arriba, lanza dardos
que matan al son del trueno!

¡Nunca se supo de nadie
que volviera de ese infierno!

—Ni del infierno en que estoy
lograré salir ileso,
si no me fuera posible
rescindir el cautiverio
que reprime su albedrío.

Por eso me hallo resuelto
a sucumbir en la hazaña
o a redimirme en el riesgo.

Dime, pues, si a bien lo tienes,
la información que encarezco
y no te expongas en vano
siguiéndome por más trecho.

—El camino que traéis
se duele de ser el vuestro
por llevaros donde os lleva.

—¿Y cómo sabré que llego?

—Lo sabréis, no os quepa duda,
por el repentino vuelco
que dará cuanto os rodee.

Esta senda, por ejemplo,
que acomete con tal gracia
la conquista del ascenso,
la veréis desesperada
de seguir en su proyecto,
y su noble rectitud,
distraída en recovecos
tortuosos;

Esta hierba
que es solaz del andariego
y los árboles que crecen
a lo largo del sendero,
tan propicios a cobijos
apacibles, hais de verlos
convertidos en falanges
enemigas, por consejo
de sus lanzas;

Esas aves
de colores tan diversos,
que desgranan en las ramas
armoniosos sus gorjeos,
cambiarán el arco iris
de sus plumas por el negro
tenebroso, y sus trinos
favorables por funestos
vaticinios;

Esa luna
que se asoma por el cerro,
ese sol que languidece,
las estrellas, los luceros...
todos ellos tan ufanos
de brindarnos sus destellos,
cesarán en sus fulgores
bruscamente.

Todo esto
pasará, porque mis ojos
lo contemplaron de lejos.

Y cuando muestre sus rasgos
el retrato que reseño,
no dudéis, os acercáis
a la Mansión de los Céfiros.

—Con tales indicaciones,
es bien seguro que término
tendrá por fin mi odisea.

No sé si mis contratiempos
tendrán también igual suerte,

pero he venido a saberlo.
—¿Insistís, pues, en llegar?

—Jamás dejé de quererlo.

—¿Deseáis que os acompañe?

—No, buen pastor.

Son los premios
los que deben compartirse,
pero no los sufrimientos
y sufrir es mi elección.

Además... si no volviésemos...

—¿Es cuanto confiáis en vos?

—Cuando confiar es riesgo,
implicar a los demás
es de corazones pérfidos.

—Entonces marchad sin mí,
pero sabed que me quedo
haciendo votos fervientes
para que volváis con éxito.

ESCENA SEGUNDA

Para gloria del pasado
y de los mozos modelo,
dicen de aquel pastorcillo
los ancianos de este pueblo
que, infundido del deber
de adherirse al insurrecto
en sus justas exigencias
o atraído por el hecho
de tamaña heroicidad,
decidió seguir al griego
sin ser visto.

De este modo,
protegido por el denso
cobertor de la floresta,
mientras fue la luz, o envuelto
simplemente por las sombras,
mientras sólo sombras fueron,
conoció furtivamente
por el verbo del heleno
lo que sucedió después:

«Camino que te has propuesto
prosperar hasta la cumbre:

Con tesón y por derecho,
como tú voy a la cima.

Ojalá que por derecho
vuelva también como tú.

Mas, si como tú no vuelvo,
será porque, al conquistarla,
los que ejercen el gobierno
de la altura secuestraron
de mis pies el movimiento,
como antaño secuestraran
la alegría de mi pecho.

Amable selva que alivias
la pasión del andariego
echándote como alfombra,
alzándote como techo
o abriéndote como espiga
para que granen los sueños:

También yo quiero cubrirme
con tus abrazos espesos
para servir como tú.

Si lo consigo, de nuevo
nos volveremos a ver.

Pero, si al fin no regreso,
será porque mis afanes
quedaron conmigo quietos
debajo de la pisada
demoledora de aquéllos
que se emboscan en la fronda
para tramar desafueros.

Pajarillos que decís
lo que pensáis sin rodeos
en la inmunidad del aire,
haciendo del sentimiento

verdades que nos alegran:
Como vosotros pretendo
ser veraz, sentido y grato,
pero sólo soy sincero.

Por eso, tal vez no pueda
gozar más con vuestros trémolos.

Porque los hay, pajarillos,
que sólo atienden los rezos,
las súplicas o los salmos,
y reducen a silencio
la voz que no les halaga,
por grande que sea su duelo,
exactos sus alegatos
o justos sus pedimentos.

Cumplido sol que me guías
mientras caminas al lecho
con gentil solicitud:

Como tú tengo el deseo
de terminar mi jornada
con el deber satisfecho,
y, como tú, regresando
mañana, lúcido y pleno.

Si mis deseos se cumplen,
al alba nos hallaremos.

Pero si, cuando despiertes,
yo continúo durmiendo,
puedes decir que mis ojos
tomaron de los espejos
su mirada de cristal,

a manos de los que hicieron
de las tinieblas morada
para lucir más espléndidos».

ESCENA TERCERA

«Avecínase la crisis.

Lo barrunta el raro sesgo
que adquiere la circunstancia:

El camino, en efecto,
ya no tiene tanta urgencia
del destino venidero.

Al contrario, me parece
que retrasa ese momento
empinándose cual áspid
y enroscándose en los senos
de los montes levantiscos.

Mas para mis pies inquietos
familiar es la pendiente
y para mi talle el dédalo.

No me detienen, por tanto,
los alzamientos del suelo
ni disimulan mi ruta
sus contorsiones, y menos
desorientarán mis ánimos.

La vegetación es cierto
que ha mudado su talante.

La hierba yergue su cuello
tornándose matorral
y los árboles, creyendo

que son matorral también,
enlazan sus largos dedos
para tejer una red,
en la que queden sujetos
y acribillados de rama
los caminantes intrépidos.

Pero de tanto rodar
me acostumbré a los enredos,
y a la estocada impensada,
de tanto esperar.

Por eso
no tendrán trama bastante
los matorrales resecos
para capturar mis pasos
ni sus puñales tormento
para derramar mis fuerzas
por sus heridas, y menos
podrán vulnerar mis ánimos.

Las aves de lo diverso
cambiaron sus caramillos
por ásperos instrumentos.

Aquellas sus armonías
sobre la risa del trémolo,
su libertad, su franqueza,
lo propicio del gorjeo,
que entonces me dedicaron,
ahora son un estruendo
de garras y picos corvos,
que hiere por ser arpegio
y duele por ser aviso.

Sin embargo, más horrendos
son los gritos de la infamia;
más terribles sus agüeros,
y prevalecí, no obstante.

No serán, pues, desconciertos
los que torturen mis sienes
ni los anuncios adversos
los que me hielen la sangre
y mis ánimos aún menos
conseguirán que decaigan.

Los astros, en fin, enfermos
de sombra lucen olvidos.

El sol en sus aposentos
bien está que no se acuerde,
pero los demás... no entiendo
por qué me vuelven la espalda.

Si quieren que del regreso
llene mis manos vacías,
ignoran que los tropiezos
son propios de quien confía
y que a fuer de padecerlos
me empeñé en andar a tientas.

De modo que no habrá velo
que oculte las ilusiones
a las caricias de un ciego
ni duda que no escudriñen
sus añoranzas, y menos
se obscurecerán mis ánimos.

Menos aún, cuando siento
que estoy llegando a las puertas
de la Mansión de los Céfiros».

ESCENA CUARTA

«¡Ah, Eolo!, te percibo,
aunque recojas los vientos
para que no te delaten
en blandos odres de cuero.

Sé muy bien que estás ahí,
detrás del lábil flabelo
con que presenta la cumbre
su capitel altanero.

Te conozco bien, Eolo,
y por eso te sospecho
disimulando ventiscas
que pronto serán flagelo
desmesurado en azotes.

¡Te conozco, desde luego!

¿Cómo no iba a conocerte,
si he sentido de pequeño
la respiración del Dios?

¡Te conozco, ya lo creo!

¿Recuerdas cuando de niño
revolvía entre los luengos
remolinos de tus barbas
y, con cándido misterio,
escondía de los aires
que cogía los más frescos?

¿Y cuando me rescataste
de los abismos del vértigo
por obstinarme en ser
ráfaga?

¡Qué tiempos fueron aquéllos!

Para mí, tiempos felices,
Eolo; te lo confieso.

Para ti seguramente,
un simple divertimento.

Pero los tiempos que fueran,
ya sólo son sedimentos
amables de la memoria,
cada vez más inconcretos.

Porque tú me despojaste
de los símbolos aéreos
con rigor inusitado.

Tú dirás que por mis yerros.

Según yo, por atenerme
justamente a tus preceptos
y erigir a la verdad
un altar junto al almendro.

¿Cómo iba a figurarme
que entre Dios y yo lo cierto
fuera obstáculo insalvable?

¡Precisamente lo cierto,
tan a medida de Dios!

En cualquier caso, mis yerros
tuvieron ya suficiente
castigo, ¿no crees? Primero
con mi destierro, más tarde
con su secuestro y luego…
¡ay luego!, con un enjambre
de arpías yendo y viniendo,
y acribillando de ausencias
e incertidumbres mi pecho.

¿No te parece bastante
castigo para mis yerros?

¿No te parece suplicio
bastante mi sufrimiento?

¿Por qué respuestas de
dioses para mortales
pertrechos?

¿Es que no queda piedad
en tus entrañas de viento?

¿No es de dioses la indulgencia?

Pues a tu indulgencia apelo
y te pido solamente
que procures su regreso.

¡Su regreso solamente;
tan sólo te pido eso:

su regreso, por favor!
Y a cambio de su regreso,
haz conmigo lo que quieras:

¡Agárrame con tus dedos,
azótame, descuartízame
y esparce mis viles restos
a manotazos airados,
para que vaguen dispersos,
desarraigados y anónimos,
y sirvan de apologético
símbolo de tu justicia
a quien ofenda tu credo!

* * * *

A ti también te distingo,
Poseidón, blando y superfluo,
pese al empeño que pones
en acallar los océanos
con las palmas de tus manos.

Te distingo, por supuesto.

¿Olvidas que de tu frente
fui solícito pañuelo
cuando fundías las nieves?

¿Que fui por tu magisterio
aguamanil del Olimpo,
y que justo por aquello
aprendí el significado
más recóndito del léxico
del agua?

¿Que fui caudal
a raudales predispuesto?
No vale, pues, que te ocultes,
delicado, casi etéreo,
entre espigas acuosas
más propicias a cabellos
de rocío que a diluvios.

¡Quién diría que son piélagos
ansiosos de devastar,
ya con sus puños de hielo,
ya con sus brazos de sierpe!

Poseidón, sé que te debo
los cánticos de las ninfas
acompañando mi sueño;
las pompas de dulce lágrima,
que me prestaron sus senos
para viajar sobre el mar;
los nenúfares esbeltos;
las caracolas; mi infancia...

Hasta mi vida te debo,
Poseidón, porque sin ti
jamás hubiese resuelto
la sin razón ascendente
del atractivo del cielo,
cuando jugué a ser burbuja.

¡Cómo disfruté subiendo,
ajeno al mal de la altura!

¿Que qué poco lo agradezco?

Al contrario, Poseidón.

Por todos esos mis débitos,
no sólo mi gratitud,
tienes mi amor, mi respeto,
mi admiración, mi obediencia...

¿Que son palabras, no hechos?

No sólo tiene palabras
mi lengua, sino conceptos,
mi mente; tangibles obras,
mis manos, y sentimientos,
mi alma, y todos dicen
lo mismo que yo.

El hecho
que según tú los desmiente,
para mí sólo es refrendo
consecuente de su plática,
porque no fue fraudulento
ni partiendo ni llegando,
y si hallaron sus efectos
el enojo de los dioses,
¿cómo hube de preverlo
sin divina perspicacia?

¿Cuáles son los fundamentos
de mi culpa inexcusable?

¡Dime uno!

¡Te lo ruego!

Yo sólo quise saber,
porque creí que sabiendo
mejor cabría tu fe
en mi menguado intelecto,
a la vez que cumpliría
uno de tus mandamientos,
que es ser fiel a la verdad.

¿Tan execrable era eso?

¿Es que acaso preferías
un servidor sin criterio
a un seguidor convencido?

Y aunque fuese sacrilegio
lo que hubiese cometido,
¿no te basta con el precio
satisfecho desde entonces?

¡Me privaste del almendro,
de la paz, de su presencia...,
y me has tenido pendiendo
sobre el vacío del alma,
precariamente sujeto
al hilo de la esperanza
y sometido al asedio
de tus hidras, siete veces
acechantes con su séptuplo
de bocas!

¿No te conmueve
mi pena?

¿Piensas que el peso

que arrastro puede exigirse
del hombre?
¿No ves el celo
del agua purificando
mis ojos?

¿No ves mi duelo?

¿Es que las aguas disculpan
antes que Dios los tropiezos?

Si no es así, Poseidón,
si todavía recuerdo
te queda de la piedad,
a tu memoria me atengo
y te pido solamente
su libertad.

¡Sólo eso:
su libertad nada más;
tan sólo te pido eso:
su libertad solamente!

Dispón de mí por entero
luego de su libertad:

¡Derrámate con estrépito,
anégame, desmenúzame...
hasta que quede disuelto
y tus partículas líquidas,
turbias por mi desafuero
y amargas por tu sentencia!

* * * *

En cuanto a ti, Dios Hefesto,
ni embozándote en tu capa
de templanza ni escondiendo
tus insignias me confundes.
Antes bien, tus embelecos
me confirman tu presencia:

Esa paz de cementerio,
esa leve incandescencia
de sospecha, ese denso
transparente de emboscada...

Los recuerdo, desde luego.

Y por eso sé que encubren
batallones de destellos
aguerridos, anhelantes
de lucir sus armamentos
llameantes, al redoble
de tambores atmosféricos
y matar, matar, matar...

Y también que son objeto
exclusivo del Olímpico.

Pero él no está en el cerro...

Luego nadie más que tú
en la Mansión de los Céfiros
urdiría tal industria.

¡Te conozco bien, Hefesto!

¿Cómo no?, si mis andanzas
infantiles transcurrieron
sin noción de fantasía
por virtud de tus ingenios.

¿Y la antorcha que me hiciste
de sonrisa?

¡Cuando fuego
le prendía, la tristeza
se perdía fuego adentro
y mirar era reír!

¿Y el dragón dodecacéfalo
que forjaste de lealtad
y una pizca de ardor bélico?

¡Doce velas a mi alcance
para combatir el miedo,
doce guardas a mi puerta,
doce avisos, doce afectos...
y una única montura
para ser tu mensajero
y vivir las experiencias
más insólitas!

Recuerdo
que una vez bajé a un volcán
y, creyendo que su fuego
era juego de dragón,
me apiadé de sus lamentos
y me abrí de par en par
para dejarle más hueco.

Si por ti no hubiera sido,
seguiría estando abierto
mi corazón, y mi vida
sepultada bajo el peso
de sus vómitos ardientes.
¡Quién iba a decir, Hefesto,
que quien mi vida lograra
fuera más tarde siniestro
malogrador de mi vida!

Porque aunque sigo existiendo,
te consta que ya no vivo.

Dirás que por mis deméritos.

Yo afirmo que por asirme
a tus principios de hierro
para poder discernir
entre lo malo y lo bueno,
lo equitativo y lo injusto,
lo falso y lo verdadero...

Todo cuanto me enseñaste
en tus talleres de herrero
sobre metas y propósitos;
tenacidades y métodos,
y persuasiones de fragua.

Entonces, ¿por qué fue réprobo
mi proceder?

¿Por hacerme
conjeturas sobre extremos
esenciales censurados?

¿Por servirme de tus medios
para mis cavilaciones?

¿Por hacer descubrimientos
que ofendieron tu doctrina?

¿Por tenerlos como buenos?

¡Nunca fueron contra ti!

¡Ni siquiera te excluyeron!

¡Sin embargo, tú, no sólo
decretaste mi destierro,
sino que me perseguiste,
perpetraste su secuestro
y hasta ahora me has tenido
sin su calor pereciendo
y por su bien esperando,
y abrasando mi sosiego
con la duda incandescente!

¿No te parece, Hefesto,
que tanta no fue mi culpa?

¿No te parece despecho
lo que tú llamas justicia?

¿Por qué dioses tan soberbios
para fuerzas tan exiguas?

¿No pasas por ser benévolo?

Muestra, pues, benevolencia
y libérala.

¡Es eso
lo que te pido tan sólo:
su liberación, Hefesto;
nada más que la liberes!

En cuanto a mí, nada quiero:

¡Puedes prenderme crepúsculos
y abanicarme con céfiros
hasta que vista de llama!

¡Puedes urgir con tu aliento
el crepitar de mi culpa,
el refulgir de tu fuero
y la sentencia fatal
de la ceniza cayendo,
para escarmiento del hombre
y regocijo del Cielo!

* * * *

Y tú por último, Gea,
la más presente del cerro,
primigenia entre los dioses.

Siento tus pálpitos secos
como mazazos de Heracles.

Admito que estés durmiendo;
de buen talante, confío;
mas nunca ausente.

Los siento
bajo mis plantas de pájaro,
sucediéndose serenos
en discurso intemporal.
Parecen pálpitos tiernos
de la madre que amamanta...

También tu músculo siento
resistente a mis pisadas.

¿Será verdad lo que observo
o realidad ilusoria?

Porque yo sé que tu cuerpo
puede contener titanes
cabalgando y tus miembros
agitarse, desgarrarse
y atrapar pueblos enteros
con sus mandíbulas pardas
en dentellada de féretro.

Aunque sé también que tienes
la predilección del Cielo
para hacer de ti morada
de sus huéspedes egregios.

¡Y de sobra que lo sé!

El hombre aspira a los Cielos
porque se sabe fugaz.

Dios en cambio aspira al suelo.

Al cabo el hombre se sume
bajo el nivel epidérmico
y Dios permanece impávido.

¡Claro que lo sé, por cierto!
Sobre todo porque tuve
el honor de ser doméstico
en tus bodegas de vida,
donde contemplé el trasiego
de las almas a la nada.

Allí comprendí el aprecio
de los dioses por las flores.

Por eso no condesciendo
con la fama penitente
que te atribuyen los miedos
por culpas antepasadas.

Fui feliz en el almendro,
con ella lo fui despúes
y, si no lo sigo siendo,
no es a causa del camino,
sino de los atropellos
que padece el caminante,
y más aún, en concreto,
de los atropelladores.

Fui feliz en otro tiempo,
es verdad; aunque se muestra
tan hondo que a veces pienso
que puede ser desvarío.

¿Recuerdas que de pequeño
me mostrabas superficies
para enseñarme conceptos
y lo bien que respondía?:

La orilla para el respeto,
el valle para la calma,
la cumbre para el ensueño...

¡Cuántos fueron los lugares
inaccesibles al reto,
que por mor de tus lecciones
se declararon sendero!

Aunque lo que me encantaba
era la sima:

Misterio
para la sima, prudencia
para la sima, pretextos...

Por una sima me hundiera
para siempre en el averno,
si no fuera por tus uñas,
y todo por ver tus huesos
anclados en el origen.

¡Cuán virtuoso y cuán recto
el rumbo que me indicaste!

Es por lo que aún no entiendo
que te mostrases conforme
con tolerar en tu reino

toda mi vicisitud,
su detención y su encierro,
y con ello tus montañas
sepultando mi sosiego
con su evidencia de mole,
y la esperanza latiendo
bajo la desolación.
¡En verdad que no lo
entiendo!

¡Yo que creí complacerte
con mis hallazgos!

¿No fueron
acaso fruto dorado
del tamiz del pensamiento,
como mandabas?

Entonces,
¿por qué los juzgaste heréticos?

¿O se trataba de herirme?

¿Es que los seres eternos
se divierten con la vida
de los seres pasajeros?

¿Y lo de tu providencia?

Tú que me alzaste del tétrico
confín de la inexistencia,
¿qué es lo que estabas haciendo
cuando mi mente mentía?

¿O será que los tormentos
afligen más respirando?

Y si es así, ¿cuánto tiempo
me queda que padecer?

¿No crees que mis desaciertos
fueron ya reconvenidos
bastante?

¡Rigor extremo
que mata con muerte ajena!

¿No aboga tu ministerio
terreno por la equidad?

¿No tienden tus sentimientos
maternos a la clemencia?

Pues de tu sentir espero
que la devuelvas al valle.

¡Déjala elegir lucero
para que oriente sus pasos!

¡Déjala tener deseos!

¡Déjala ir con los suyos!

Y para que en su descenso
no se junten nuestros sinos,
si es ese el impedimento,
utilízame a tu antojo:

¡Conviérteme en ajetreo
de tus articulaciones,
atrápame con tus cepos,
tritúrame, pulverízame
e intégrame en tu esqueleto
para que no halle descanso
ni siquiera estando muerto!».

ESCENA QUINTA

Pero los dioses no pactan
con los humanos, y menos
reconsideran sus actos,
simplemente porque a ellos
les resulten insondables.

¿Por qué tenían que hacerlo,
si su natural es duda,
insatisfacción y miedo?

Los dioses no se detienen
sólo porque el movimiento
tenga fin en los mortales
y aunque seguir cause duelos,
aparentemente injustos,
a quienes no tienen tiempo
para poder olvidarlos.

¿Cómo parar un proceso
que por infinito es uno?

¿Qué ofrecía aquel heleno
que los dioses no tuviesen?

¿Un prosélito confeso?

¿Un apóstata convicto?

¡Nada nuevo sobre el suelo!

Además, ¿qué redimía
la inmolación del aqueo?

¿La felicidad sin Dios?

Con ella fuera del cerro,
del mal se contagiarían
los otros perecederos...

¿Qué sería de los dioses,
entonces?

¿Qué de sus templos?

¿Qué del poder de los ritos
propiciatorios y rezos?

Así pues, determinaron
reafirmarse en el secuestro
y, por la profanación
de la Mansión de los Céfiros,
proceder al sacrificio
sumarísimo del griego.

Al efecto destacaron
lo mejor de sus ejércitos
y se lanzaron a saco:

Eolo soltó los vientos
más rápidos de sus odres;

Poseidón volcó los cuévanos
más envolventes de lluvia;

Hefesto prendió con fuego
prohibido luces que matan,

y Gea tensó sus nervios
hasta romperlos en piedras
disparatadas.

Y fueron
todos tormenta terrible;
concierto de muchos ecos
fatales y admonitorios,
que no obstante no pudieron
acallar la voz del mártir:

"Por enredarme en tu pelo
y apoderarme del bosque
fragante...

Ya lo comprendo...

Por asomarme a tus ojos
a contemplar el océano
de tu mirada sin deuda
ninguna...

Sí que lo entiendo...

Por sorprender en tus labios,
entre racimos de besos,
la llama que no se extingue...

¡Ay, amor, que fue por eso...!:

Por refugiarme en tus brazos
y comprender que los Cielos
tienen alma de mujer...

¡Ay, amor, justo por eso...!:

Porque lejos de los dioses
pude conocer momentos
que valen eternidad...».

Y de súbito el silencio.

EPÍLOGO

Para dato del adulto
y en atención al recuerdo,
refieren que el pastorcillo,
que permaneciera ileso
merced a la retaguardia
y a la ajenidad del pleito,
vio disiparse de pronto
los azabaches espesos
de la bóveda celeste
y perfilarse los dedos
rosados de la alborada.

En un lodazal, maltrecho,
el heleno apaciguaba
los insistentes apremios
del estertor.

A su lado,
de rodillas en el cieno,
una muchacha limpiaba
los pecados con sus rezos
y la sangre con sus lágrimas.

Por sus cabellos de viento
debía ser una diosa
de la Mansión de los Céfiros...

No podía ser mujer
con esos ojos de océano...

Seguro que era una diosa
con esos labios de fuego...

Acaso la propia Gea,
por su terrestre perfecto...

Era sin duda una diosa...

Porque al cabo, por efecto
de sus preces y su llanto,
regresaron al aqueo
los mimbres de su camino,
y los horizontes férreos
volvieron a su mirada.

Como tributo a los muertos,
concluyen que se alejaron
de la Mansión de los Céfiros
pletóricos de futuros
incombustibles, y ciegos
al adiós emocionado
del pastorcillo.

Se fueron,
cuando la aurora tomaba
sutiles tintes bermejos,
por esa misma vereda
de discurrir desenvuelto
que nos conduce a la aldea,
hace tiempo, mucho tiempo.

Como las diosas no lloran,
unos dicen que eran ellos,
liberados de su sino

por el rey del firmamento,
dado el mal uso del rayo.

Dicen otros al respecto
que era diosa subterránea
la que acompañó al heleno
a los ámbitos del Hades,
porque no puede con éxito
un mortal luchar con Dios.

Desde entonces, es lo cierto
que cesaron los fenómenos
en la Mansión de los Céfiros,
que pasó a ser simplemente
una cima más.

Es cierto
también que a partir de entonces
proliferan los supuestos
de una rara enfermedad,
de la que acaban muriendo
los dioses y que a los hombres
parece dar argumento
para la inmortalidad,
mientras la están padeciendo.

AUDIOLIBRO

Escanéa este código QR
para descargar el audiolibro completo

https://www.cuadernosdelaberinto.com/audiolibros/En_la_mansion_de_los_cefiros_antonio_peran_elvira.mp3

ÍNDICE

Acabose de imprimir esta
edición de
EN LA MANSIÓN DE LOS CÉFIROS,
de ANTONIO PERÁN ELVIRA,
el día 5 de mayo de 2025,
aniversario del nacimiento del
Infante Don Juan Manuel

Entre las muchas cosas maravillosas que hizo Dios,
hay una extraordinaria:
que todos los hombres, teniendo las mismas cosas en la cara,
tienen las caras distintas

L A U S   D E O